Cómo se construye un
avión

Amy Hayes
Traducido por Alberto Jiménez

Gareth Stevens
PUBLISHING

Please visit our website, www.garethstevens.com. For a free color catalog of all our high-quality books, call toll free 1-800-542-2595 or fax 1-877-542-2596.

Cataloging-in-Publication Data

Hayes, Amy.
Cómo se construye un avión / by Amy Hayes, translated by Alberto Jiménez.
p. cm. — (El mundo y la ingeniería)
Includes index.
ISBN 978-1-4824-4369-1 (pbk.)
ISBN 978-1-4824-4314-1 (6-pack)
ISBN 978-1-4824-4348-6 (library binding)
1. Airplanes — Juvenile literature. 2. Airplanes — Parts — Juvenile literature. I. Hayes, Amy. II. Title.
TL547.H35 2016
629.134—d23

Published in 2016 by
Gareth Stevens Publishing
111 East 14th Street, Suite 349
New York, NY 10003

Copyright © 2016 Gareth Stevens Publishing

Designer: Samantha DeMartin
Editor: Ryan Nagelhout
Spanish Translation: Alberto Jiménez

Photo credits: Cover, p. 1 MO_SES Premium/Shutterstock.com; background Jason Winter/Shutterstock.com; caption boxes stoonn/Shutterstock.com; p. 5 Andrey Armyagov/Shutterstock.com; p. 7 honglouwawa/Shutterstock.com; p. 9 Pressmaster/Shutterstock.com; p. 11 Joe McNally/Getty Images News/Getty Images; p. 13 Pascal Pavani/AFP/Getty Images; p. 15 Frank Wasserfuehrer/Shutterstock.com; p. 17 (main) Konstantin Yolshin/Shutterstock.com; p. 17 (inset) StudioSmart/Shutterstock.com; p. 19 Bloomberg/Bloomberg/Getty Images; p. 20 GoneWithTheWind/Shutterstock.com.

Printed in the United States of America

CPSIA compliance information: Batch #CS16GS: For further information contact Gareth Stevens, New York, New York at 1-800-542-2595.

Contenido

Las palabras del glosario se muestran en **negrita** la primera vez que aparecen en el texto.

Los asombrosos aviones

Los aviones vuelan a miles de pies de altura y son uno de los medios más rápidos y más seguros de transporte. Mientras que en los aviones pequeños, como los ultraligeros o las avionetas, solo hay lugar para una o dos personas, los aviones más grandes pueden transportar cientos de personas. Un viaje en avión se llama vuelo.

Los aviones son asombrosas máquinas que se desplazan a todas partes, pero ¿cómo se elevan? ¿De qué están hechos? ¿Qué hace que un avión funcione?

Bloques de construcción

Todos los días salen unos 200,000 vuelos de diferentes partes del mundo.

Los aviones nos permiten viajar a cualquier parte del mundo.

La ciencia del vuelo

Los aviones se sirven de la llamada fuerza de sustentación para elevarse. Esta fuerza se origina debido al diseño de las alas, pero para que haya ascenso el avión tiene que moverse a gran velocidad. Cuando un avión avanza con rapidez, el viento ejerce presión por encima y por debajo de las alas.

Debido a la forma de las alas, el viento que fluye bajo ellas se mueve mucho más rápido que el que pasa sobre ellas. Esto crea fuerza de sustentación y empuja el avión hacia arriba.

Bloques de construcción

La fuerza de sustentación hace que el avión se eleve, mientras que la fuerza que lo impulsa hacia adelante se llama propulsión. Los **ingenieros** aeronáuticos han aprendido cómo utilizar ambas fuerzas para construir aviones cada vez más eficaces y seguros.

La física es la ciencia que nos muestra por qué y cómo se mueven objetos como los aviones.

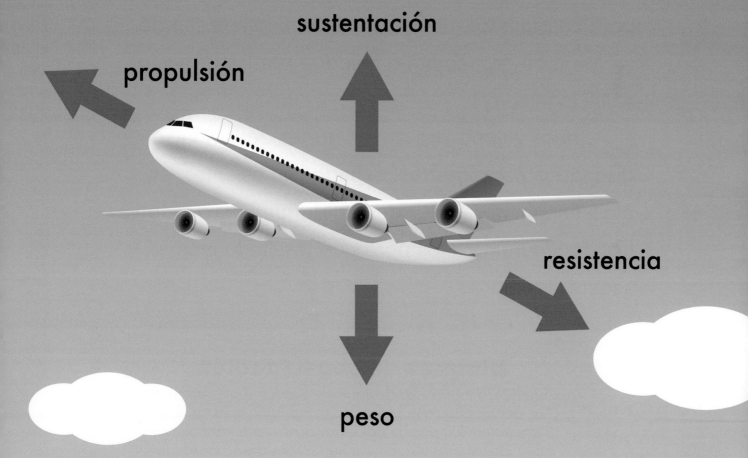

sustentación

propulsión

resistencia

peso

Diseñar un avión

¿Sabías que son muchas las personas que participan en **diseñar** un avión? Los ingenieros trabajan en conjunto buscando las mejores ideas para construir los mejores aviones. En el diseño de un avión de gran tamaño ¡pueden participar hasta 4,000 ingenieros!

Todas y cada una de las partes del avión son diseñadas por **expertos**: expertos en asientos, en alas, en motores. Antes de finalizar un nuevo modelo trabajan durante años para que resulte lo más seguro posible.

Bloques de construcción

Cuando los ingenieros diseñan un avión deben pensar en los aeropuertos que utilizará ese modelo. Pasan mucho tiempo ante los planos del aeropuerto asegurándose de que los aviones tengan el tamaño adecuado para las **pistas** de aterrizaje o despegue, o que puedan volar largas distancias hasta llegar a determinados aeropuertos.

Los ingenieros detallan en unas gigantescas hojas de papel, los planos, dónde irá cada pieza del avión.

9

Tiempo de pruebas

Los ingenieros utilizan las matemáticas para crear los mejores diseños posibles. Una vez que una parte del avión se diseña, se somete a pruebas. Cada una de las partes del avión tiene que someterse a una prueba por separado para cerciorarse de que responderá bien en toda clase de **situaciones**.

Si un determinado componente no pasa una prueba hay que rediseñarlo. Los ingenieros utilizan **simulaciones** informáticas y modelos de túnel de viento. En ocasiones construyen pequeños motores a escala para asegurarse de que todo funciona bien.

Bloques de construcción

¡Los túneles de viento se utilizan para probar modelos y comprobar que realmente vuelan! Los fabricantes de automóviles y otros **vehículos** también los utilizan para asegurarse de que el aire se desplaza adecuadamente sobre las carrocerías.

Se necesitan muchas horas de pruebas antes de que pueda construirse una aeronave de gran tamaño.

Reunir las partes

Los aviones pequeños pueden manufacturarse, o hacerse, en un solo lugar. Estas pequeñas aeronaves están pensadas para una o dos personas. Sin embargo, ¡los aviones grandes tienen millones de partes! Algunas de estas partes se fabrican en diferentes lugares y luego se transportan hasta las naves donde se construyen los aviones.

Una vez que se reciben todas las partes del avión se transportan al hangar, una nave gigantesca donde se monta la aeronave.

Bloques de construcción

El hangar Everett, en Washington, donde se construye el Boeing 747, es tan alto ¡que se acumulaban nubes en la nave! Boeing tuvo que añadir un sistema especial para mover el aire en su interior e impedir este fenómeno.

Uno de los más grandes aviones de Airbus, el A350, ¡tiene 2.65 millones de partes!

Las alas

Las alas son una parte realmente importante de una aeronave y tienen que ser fuertes pero a la vez ligeras. Los armazones metálicos que las constituyen tienen típicamente un **larguero** posterior, un larguero principal y las llamadas costillas; estas se fabrican en aluminio, un metal muy ligero.

La cara inferior y superior de las alas se cubre con una cinta adhesiva especial, que debe pasar por un horno gigantesco antes de ser colocada.

Bloques de construcción

¡Cuando la cinta adhesiva se calienta se convierte en un material más fuerte y más liviano que el acero!

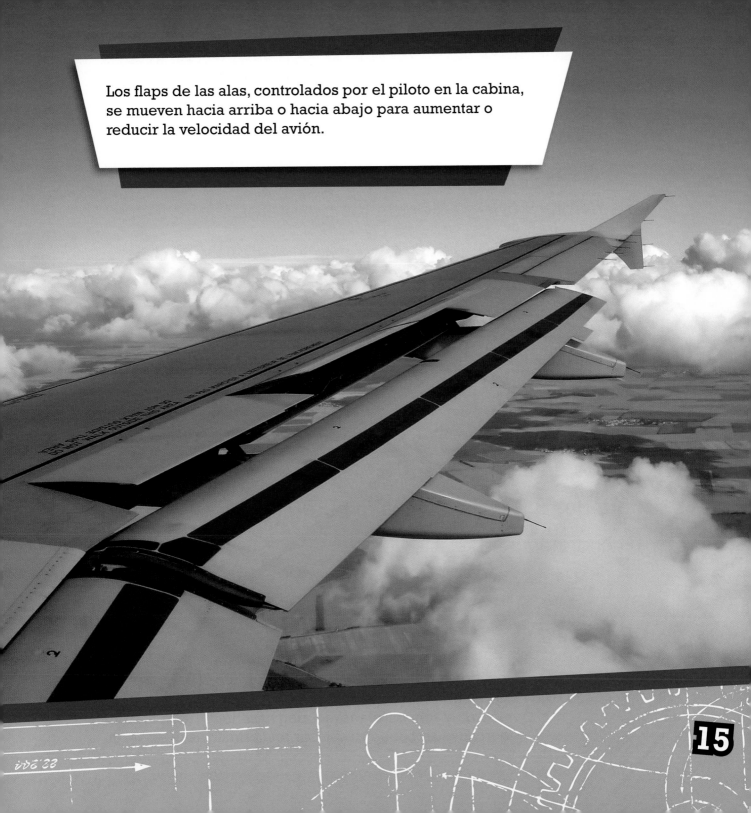

Los flaps de las alas, controlados por el piloto en la cabina, se mueven hacia arriba o hacia abajo para aumentar o reducir la velocidad del avión.

15

El fuselaje

El fuselaje constituye el cuerpo o estructura central del avión donde se sientan los pasajeros. Tiene forma de un largo tubo hueco. Los pilotos ocupan una parte cerrada llamada la cabina, desde donde controlan el avión.

El fuselaje se construye aparte del resto del avión; las aeronaves más recientes se fabrican con **materiales** compuestos especiales, es decir, que están hechos de muchas cosas distintas. Un ejemplo es la fibra de carbono, un material **tejido** muy ligero y que es enormemente resistente.

Bloques de construcción

Todo objeto tiene un **centro de gravedad** que lo mantiene equilibrado. El centro de gravedad de un avión está en el fuselaje. Debajo del fuselaje van unas ruedas, el tren de aterrizaje, para que la aeronave se pueda desplazar en tierra.

cabina

Toma mucho tiempo y trabajo comprobar que el
fuselaje es seguro; tiene que serlo para que caminen
por él tanto la tripulación como los pasajeros.

¡Juntarlo todo!

Ahora que las alas y el fuselaje están terminados, ha llegado el momento de montar el avión. El morro, o parte delantera, se fija al fuselaje; se añaden entonces la cola y la parte trasera.

Las alas se fijan a los lados. Se necesitan unas máquinas muy grandes para encajar estas piezas gigantescas como es debido. Se añade también el tren de aterrizaje y, por último, se colocan los motores bajo las alas.

Bloques de construcción

Los motores se colocan siempre en último lugar, incluso después de los asientos. Después de colocar los motores llega el momento de las pruebas, porque hay que comprobar si la aeronave está lista para volar. Si se trata de un modelo nuevo se prueba en todas las condiciones climatológicas posibles antes de fabricar más, para tener la certeza total de que es seguro.

Para montar un avión se utilizan miles de tornillos y tuercas; a veces, algunas piezas se **sueldan** o se sujetan mediante **remaches**.

¡Haz tu propio avión!

Ahora te mostraremos cómo puedes construir tu propio avión de papel.

Materiales:

• Papel

Pasos a seguir:

1. Dobla una hoja de papel a la mitad verticalmente, luego, desdobla el papel y que el pliego mire hacia abajo.

2. Dobla las dos esquinas superiores del papel hasta que se encuentren en el medio del pliegue y formen una punta.

3. Dale la vuelta al papel y una vez más dobla las dos esquinas superiores para que se encuentren en el centro y la punta quede en un ángulo.

4. Dobla el papel a la mitad contra el pliegue vertical.

5. Dobla hacia abajo los flaps unas pulgadas para hacer las alas.

6. Asegúrate de que todos los doblajes estén uniformes para que el avión vuele derecho.

7. Ya tienes tu avión. Ahora, ¡échalo a volar!

Glosario

centro de gravedad: el lugar de un objeto que controla todo su equilibrio.

diseñar: crear la forma o el exterior de algo que se llama precisamente así, diseño.

experto: alguien con conocimientos o capacidades especiales adquiridas por experiencia.

ingeniero: persona que ha recibido formación en el diseño o la construcción de máquinas.

larguero: principal elemento estructural de las alas; casi siempre es de acero.

material: sustancia que compone algo.

pista: tramo de suelo asfaltado apto para el despegue o aterrizaje de los aviones.

remache: perno metálico con una cabeza en un extremo y en el otro una pieza que se aplana.

simulación: representación artificial de un sistema o proceso para analizarlo en todas sus características.

situación: forma en que los acontecimientos tienen lugar en un determinado momento.

soldar: calentar dos piezas de metal hasta que se funden y se unen dando lugar a una pieza única.

tejido: material hecho tejiendo fibras. Elemento formado al entrelazar hilo, tela o cualquier otra materia.

vehículo: máquina que sirve para transportar personas o cosas y que se mueve sobre el suelo, en el agua o en el aire.

Para más información

Libros

Hammelef, Danielle S. *Building an Airplane*. North Mankato, MN: Capstone Press, 2014.

Nahum, Andrew. *Flight*. New York, NY: DK Publishing, 2011.

Sitios de Internet

Lo más divertido de volar
sciencekids.co.nz/sciencefacts/flight.html
¡Aquí podrás saber más sobre cómo funciona un avión!

NASA Kids Page: Airplanes
www.grc.nasa.gov/WWW/K-12/UEET/StudentSite/airplanes.html
Si quieres saber más sobre las partes de un avión visita este sitio de la NASA

Índice

24